El juego del cubo

MAYDE MOLINA Y AMIR ZARE

El juego del cubo

Una vía ancestral para conocerte y modelar tu destino

EDICIONES OBELISCO

Si este libro le ha interesado y desea que le mantengamos informado
de nuestras publicaciones, escríbanos indicándonos qué temas son de su interés
(Astrología, Autoayuda, Psicología, Artes Marciales, Naturismo,
Espiritualidad, Tradición...) y gustosamente le complaceremos.

Puede consultar nuestro catálogo en www.edicionesobelisco.com

Colección Espiritualidad y Vida interior
EL JUEGO DEL CUBO
Mayde Molina y Amir Zare

1.ª edición: enero de 2022

Corrección: *M.ª Ángeles Olivera*
Diseño de cubierta: *TsEdi, Teleservicios Editoriales, S. L.*

Edita: Ediciones Obelisco, S. L.
Collita, 23-25. Pol. Ind. Molí de la Bastida
08191 Rubí - Barcelona - España
Tel. 93 309 85 25
E-mail: info@edicionesobelisco.com

ISBN: 978-84-9111-805-3
Depósito Legal: B-19.044-2021

Impreso en los talleres gráficos de Romanyà/Valls S. A.
Verdaguer, 1 - 08786 Capellades - Barcelona

Printed in Spain

«*Todo es un tablero de ajedrez de noches y días,
donde el destino, con hombres como piezas, hace su juego*».

Omar Khayyam

«*Conocerse a uno mismo no es garantía de felicidad,
pero está del lado de la felicidad,
y puede darnos el coraje necesario para luchar por ella*».

Simone de Beauvoir

Un cofre por abrir

Todo empezó en una tienda de antigüedades del barrio judío de Barcelona. Nuestros pasos nos habían llevado hasta allí como si supieran más que nosotros. Ciertamente, buscábamos un regalo para un amigo muy singular, viajero empedernido y coleccionista de arte. Nos había invitado a su casa para una celebración y aún no habíamos encontrado nada adecuado para él.

No es una persona a la que se agasaja con un dulce o una botella de vino. Maestro en al arte de las fiestas y gran contador de historias, el obsequio que le lleváramos tenía que ser tan único como su espíritu.

La intuición nos hizo entrar en aquel espacio que resultaba angosto por la gran cantidad de objetos que se acumulaban. Como si el mundo entero estuviera allí representado, cada rincón agrupaba artículos de una misma procedencia: reliquias católicas, máscaras e instrumentos africanos, figuritas del lejano Oriente, lámparas Tiffany y otras piezas de *art noveau*.

Paseando entre aquella caótica colección, ambos nos detuvimos a la vez delante de una estantería. Allí reposaba un solitario cofre de madera labrada con ornamentos geométricos, algunos ya borrados por el tiempo. Por su tamaño modesto, parecía destinado a guardar joyas.

Había captado nuestra curiosidad sin motivo aparente, como si el cofre tuviera sus razones para reclamar atención.

El anciano a cargo del negocio se dio cuenta de nuestro interés y se acercó sigilosamente para decir:

—Esta cajita viene del sur de Persia. Aunque está trabajada con minuciosidad, el objeto en sí no tendría valor... si no fuera por su propietaria.

Al preguntarle ambos qué había querido decir con eso, el anticuario aclaró:

—Llegó hasta aquí junto con las pocas posesiones de la artista a la que perteneció. Debe de ser de las pocas mujeres europeas que han vivido por su cuenta en Irán. Y, además, fotógrafa y escritora.

Eso nos convenció de que aquel era el regalo que llevaríamos a nuestro amigo. Mientras pagábamos un precio muy razonable por el pequeño cofre, intentamos abrirlo sin éxito. Aunque no estaba cerrado con llave, la humedad y el tiempo habían soldado la tapa al resto de la caja.

Como aún faltaban un par de horas para el encuentro, hicimos escala en una tetería del barrio, donde además de servirnos dos tés a la menta nos prestaron un cuchillo. Lo utilizamos para hacer palanca en la ranura hasta que por fin se abrió. La tapa hizo un crujido seco, como una puerta sellada durante mucho tiempo que por fin revela sus secretos. Dentro del cofre había un viejo cuaderno con tapas de tela ámbar.

Sin duda, había pertenecido a la misteriosa artista.

La llegada a Shiraz

Hace tiempo que mi vida ha dejado de tener sentido. Soy como una cometa rota que avanza y retrocede con los embates del viento. En apariencia lo tengo todo para ser feliz. Poseo, por familia, una situación acomodada y soy libre. Libre y perdida como esa cometa sin rumbo.

Varios periódicos y revistas publican mis reportajes, lo cual me dicen que es notable siendo mujer. No hay nadie que mande sobre mí, aunque mis padres y unos cuantos amigos han intentado convencerme de que no emprendiera este viaje. Los tambores de guerra suenan ya en Europa, y dicen que es cuestión de tiempo que la locura del *Führer* supere las fronteras de Alemania.

Por supuesto, todos saben que es imposible persuadirme de que me quede en casa, escribiendo aburridas crónicas de sociedad. Justamente porque siento que mi vida no tiene sentido, necesito viajar como el aire que respiro.

Es por eso que estoy aquí, en este coche averiado a las puertas de Shiraz. La que fue en un tiempo la capital de Persia es hoy la ciudad de los poetas, del vino, las rosas y las luciérnagas.

El chófer me dice en un francés casi incomprensible que tendremos que caminar. El mecánico más cercano está a muchas millas de aquí. Nadie vendrá a buscarnos. Mientras carga con la mayor parte del equipaje, me recomienda que me tape la cabeza como un beduino.

—*Hombres malos si saben que tú mujer.*

Llevo el pelo corto y pantalones, así que muchos aquí piensan que soy un chico. Un europeo loco en busca de aventuras en la provincia de Fars.

El sol del mediodía convierte el camino en un infierno polvoriento. El aire es tan caliente que cada bocanada de oxígeno me quema por dentro. La luz deslumbrante hace que las cúpulas lejanas de Shiraz reverberen como un espejismo en el desierto.

El chófer ha prometido llevarme a un hospedaje cercano a la Mezquita Rosa, pero me parece que un mundo nos separa de allí.

Tengo el estómago revuelto por el largo viaje y siento como si la cabeza me fuera a estallar. Y este calor inhumano… No hay una sola nube. Escribo estas líneas bajo un toldo miserable, mientras aguardamos a que traigan unos borricos que cargarán con el equipaje.

Una anciana sin dientes me ha acercado un cántaro para que beba agua. Al descubrirme el rostro para tomar un sorbo, se ha echado atrás con espanto. Ha descubierto que, además de extranjera, soy mujer.

Me gustaría hablar farsi para decirle que viajo sola con la esperanza de encontrarme conmigo misma.

Un viejo perfume

Tendida en la cama, con el cuerpo empapado de sudor, apenas recuerdo nada de lo que sucedió. Las imágenes se entremezclan en mi mente con sueños que parecen más bien delirios.

Sólo sé que, al pasar junto a las primeras casas que preceden la ciudad, la frente me ardía y empecé a perder la visión. Tuve que apoyarme en una pared encalada, mientras sentía que todo daba vueltas a mi alrededor. Pero ya era demasiado tarde.

Un perro ladró con voz afónica.

Justo después sentí que me hundía en la oscuridad.

Al despertar, estaba totalmente desorientada. No sabía dónde me encontraba ni qué hora era.

Una luz cálida se filtraba por la celosía de madera que cubre la ventana. A los pies de mi cama hay un banco con una jofaina de porcelana y, al lado, unos paños doblados.

Una mujer ha entrado en la alcoba y me ha sonreído mientras me hacía una suave reverencia. Lleva un *hiyab* oscuro. Su rostro es dulce y atemporal. Debe de tener cerca de sesenta años, o quizás sea mayor.

—*Yo Anahi. Usted no preocupar, todo bien. Mi hijo habla francés.*

Ha empapado uno de los paños y lo ha pasado suavemente por mi rostro, mi pecho y mis brazos. Creo que me ha bajado la fiebre, aunque aún me siento entumecida.

Al terminar de secarme, me ha acercado agua en una vasija de barro.

—*¡Beber! Agua buena de montaña.*

Luego ha dado unos pasos para abrir la celosía y he alcanzado a ver en el horizonte lo que me ha parecido una árida cordillera.

De un pequeño armario ha extraído un frasquito de cristal rosado. Ha vertido en un pañuelo de algodón parte de su contenido y lo ha pasado por mis sienes, dando unos pequeños toques también en mis muñecas. Es agua de rosas. Ese aroma me ha transportado a mi infancia, a la casa de mi abuela materna y a sus abrazos, siempre con fragancia de pétalos.

Ahora se oye la voz de un niño a lo lejos y el piar de los pájaros que se recogen en un árbol cercano. Está cayendo la tarde.

Yo también me siento como un ave. He viajado miles de kilómetros para conocer la perla de Persia y, tal vez, encontrar un nuevo sentido a mi vida en el desierto de Irán.

Tengo tanto sueño que me temo que, si vuelvo a cerrar los ojos, tal vez no despierte nunca.

Kansbar, el señor del tesoro

El amanecer ha inundado lentamente la estancia. He vuelto a soñar con el desierto, como antes de mi partida.

Por encima del silencio de la casa, me llegaba el murmullo de alguien que estaba orando. Era la voz de un hombre, que cantaba y rezaba en farsi.

Minutos más tarde, unos nudillos han golpeado con suavidad la puerta de mi alcoba, que está entornada. Antes de que pudiera incorporarme, he visto en el umbral la silueta de un hombre de mediana edad.

Al comprobar que estaba despierta, ha entrado con una taza entre las manos.

—Me llamo Kansbar. Te traigo una infusión de plantas medicinales –ha explicado en un francés impecable–. Has tenido mucha fiebre y necesitas hidratarte.

Me he incorporado ligeramente de la cama y me he peinado los cabellos con la mano. Desde que llevo el pelo corto es mucho más fácil.

—¿Dónde estoy? ¿Cómo he llegado hasta aquí?

—Perdiste el conocimiento y te trajeron a nuestra casa. Estás muy débil, pero mi madre y yo te cuidaremos hasta que te repongas. Entonces podrás proseguir tu camino.

Mientras escuchaba su voz suave, he notado el cansancio de los últimos meses. Por alguna razón, hasta hoy no había logrado dormir más de dos horas seguidas. Mi cuerpo es como un edificio a punto de demolición.

Kansbar se ha aproximado a mí con el sigilo de un gato. Es muy apuesto y tiene una mirada dulce y profunda. Sus dedos son largos y delicados como los de un pianista. Con el índice, ha señalado mis labios y ha dicho:

—Te ha salido un sarpullido en la boca a causa de la fiebre. Mi madre te está preparando un ungüento. Ahora debes tomarte esto… Es un poco amargo, pero te hará bien. ¿Cómo te llamas?

—Ada.

—Hermoso nombre. ¿Puedo preguntarte por qué has viajado hasta aquí?

—Ni yo misma lo sé… Me sentía perdida en mi propio país, así que decidí emprender este viaje. Es más tranquilizador no saber dónde estás cuando te encuentras lejos de casa.

—Entonces, has llegado al mejor lugar –ha dicho con un brillo en los ojos que no he sabido interpretar.

Mientras me tomaba la infusión, que era amarga como mi propia vida, me ha contado que estamos en la planicie que precede a los montes Zagros, en las afueras de Shiraz. Vive con su madre y con su hijo pequeño. Su esposa murió durante el parto y su padre les dejó hace ya muchos años.

—¿Qué significa tu nombre? le he preguntado un poco más animada.

Por la suave sonrisa que se ha dibujado en sus labios, creo que le ha sorprendido mi curiosidad.

—Kansbar significa «el señor del tesoro». Ahora descansa un poco más. En un rato mi madre te ayudará a vestirte y te llevará a la sala para desayunar.

El brebaje amargo me ha despertado el hambre, mis intestinos no paran de moverse. No sé cuántas horas deben de haber pasado desde la última vez que comí… Tengo tanto apetito que no puedo concentrarme. Seguiré escribiendo en este cuaderno después de desayunar.

Es extraño estar aquí y, al mismo tiempo, no sé por qué, siento que Kansbar tenía razón al decir que he llegado al mejor lugar.

Un lienzo en blanco

Una vez vestida, la madre de Kansbar me ha enseñado las distintas estancias de la casa. Al entrar en la cocina, un intenso olor a especias ha inundado mis sentidos. Hay un horno de leña y un gran ventanal desde el que se divisa el patio interior.

En el comedor nos estaban esperando Kansbar y su pequeño. Es un niño precioso que tendrá cerca de cuatro años.

—Ada, toma asiento, por favor. Saeed, hijo, ¡saluda a nuestra invitada!

—*Salam, madame!*

La mesa era un festín para los ojos. Había dátiles, varios cuencos con salsas, yogur mezclado con trozos de frutas y un pan muy fino que ellos llaman *sangak*.

Anahi ha cocinado para mí un delicioso plato a base de arroz.

Al terminar, he intentado levantarme para retirar la mesa, pero Kansbar me ha detenido, alzando la mano con suavidad.

—No debes esforzarte, aún no estás recuperada. ¡Ven! Iremos al patio a tomar el té. Es el lugar más fresco de la casa, allí podremos conversar tranquilos.

Ha abierto la celosía al fondo del salón y hemos salido a un gran jardín interior. Es muy hermoso, está lleno de plantas y flores. En el centro hay una gran higuera y también dos olivos al lado de un pozo.

—Mi abuelo paterno plantó esta higuera siendo aún muy joven. Su sombra es el bien más preciado de esta casa. ¿Eres escritora? —me ha preguntado de repente.

Sin duda, no le ha pasado por alto este cuaderno donde voy recogiendo lo que vivo.

—Soy fotógrafa, principalmente, pero también escribo crónicas para periódicos y revistas de mi país.

Es temprano y la brisa que corre todavía es fresca. Nos hemos sentado en un banco bajo la higuera con los vasitos de té con hierbabuena ya sobre la mesa.

—Si te gusta crear imágenes, entonces tengo algo para ti...

Tras frotarse las manos, ha salido del patio para regresar, un minuto después, con un lienzo por estrenar montado en un caballete, un pincel y un bote de tinta negra.

—Esto perteneció a un pintor inglés que se alojó, como tú, en nuestra casa. Ahora es tuyo.

He tratado de explicarle que soy fotógrafa, no pintora, pero eso no parecía importar a Kansbar, que ha dicho:

—Sólo tienes que imaginar y dibujar. Vamos a hacer un juego.

Yo le he mirado de forma interrogativa y ha precisado:

—Es un juego sufí para conocerte a ti misma.

—Pero yo apenas sé dibujar...

—No te preocupes por eso. Bastará con que hagas trazos sencillos, no importa. Lo importante es lo que pintes con tu imaginación.

Tras estas palabras, ha dicho que necesita dejarme sola un rato. Tiene que ayudar a su madre en algo de la casa. Ha prometido volver pronto para iniciar el juego.

Mientras escribo estas líneas, me llevo el té dulce y fragante a los labios. Un pájaro encaramado en lo alto de la higuera lanza un melodioso trino. Es largo y triunfal.

Mi corazón late excitado mientras miro el blanco lienzo en su caballete. Aquí y ahora, me digo que ese cuadro expresa con exactitud mi vida.

El juego

—Esta tradición se ha transmitido desde hace siglos de padres a hijos —me ha explicado Kansbar—. Es un gran tesoro, ¿sabes?

—Sin duda, debe serlo… Por algo eres el «señor del tesoro», ¿no? —he bromeado—. Y dime, ¿de qué se trata?

—Es un juego de autoconocimiento. Para los sufís, nuestro deber es enseñar a los demás a comprenderse y a amarse.

—¿De verdad? Pues creo que es lo que más necesito en estos momentos… Y ¿qué debo hacer? —he preguntado, escéptica.

—Lo primero que harás es imaginar un *desierto*. Deberás cerrar los ojos para verlo. Sólo después lo plasmarás en el lienzo con el pincel. Una vez hecho, escribirás tres o cuatro palabras que se te ocurran en relación con él. También tendrás que precisar *qué hora del día es*.

—Así lo haré —le he dicho sumergiendo el pincel en el bote de tinta.

—Espera… Voy a dejarte sola para que liberes tu visión, pero antes necesito explicarte los otros cinco símbolos.

—¿Hay más símbolos?

—Sí, cuando hayas plasmado el desierto, con las emociones que te despierta y el momento del día que lo contemplas, seguirás dibujando. En tu desierto aparecerá un *cubo*. Con los ojos cerrados debes visualizar dónde está, si es grande o pequeño, de qué material es… Todo lo que se te ocurra. Luego lo pintas en el lienzo y añades tus notas al lado.

—De acuerdo.

—En tercer lugar, aparecerá una *escalera*. Una vez la hayas visualizado con tu mente, trasládala al cuadro. Ponla donde has visto que está y anota de qué material es, cuántos escalones tiene, si es fácil o difícil de subir…

He asentido con la cabeza. Tengo la suerte de poseer buena memoria a corto plazo. De otro modo, habría necesitado apuntarme las instrucciones.

—Luego aparecerá un *caballo* –ha seguido Kansbar–. Imagina dónde está, cómo es, si lleva o no montura y brida. Cuando lo pongas en el lienzo, piensa en las emociones que te despierta y escríbelas.

—Entendido… Si no me equivoco, faltan aún dos símbolos en el desierto.

—Sí, va a producirse una *tormenta*. Debes visualizar cómo es y qué les sucede a los símbolos que dibujaste.

—Así lo haré –he dicho deseosa de empezar el juego.

—Espera… por último imaginarás unas *flores* en este escenario. Las situarás donde tú sientas que deben estar.

Kansbar ha dejado el vasito de té vacío sobre la mesa, mientras concluía:

—Normalmente, como maestro del juego, debería estar a tu lado guiándote en cada paso, pero te dejaré sola. Eres una artista y te vas a sentir más libre así. Cuando regrese, hablaremos de tu cuadro.

Le he dado las gracias, impaciente por cerrar los ojos para empezar a imaginar el desierto.

Nota de los autores

Dado que lo que visualiza y pinta Ada —además de la lectura que va a recibir— condicionaría tu juego del cubo, antes de seguir con su cuaderno, te aconsejamos que hagas el ejercicio.

De este modo, podrás irlo interpretando a medida que lo realiza la protagonista, o bien hacerlo al final con ayuda del anexo práctico.

Te recomendamos, por tanto, que antes de seguir, tomes un folio y visualices los siguientes símbolos antes de trazarlos en el papel. Puede ser con un bolígrafo o lápiz. Vamos a repasar los diferentes pasos:

1

El desierto

Imagina con calma cómo es tu desierto. Luego plásmalo en la hoja. Escribe tres o cuatro palabras que relacionas con este desierto (tal vez es la emoción que te produce contemplarlo).

Por cierto, ¿qué momento del día es en tu desierto?

2

El cubo

Visualiza dónde aparece, cómo es –grande o pequeño, sólido o hueco– y de qué material. ¿Sientes algo especial al contemplarlo en tu desierto? Defínelo con algunas palabras.

3

La escalera

¿Dónde está en tu paisaje? ¿De dónde parte y adónde llega? ¿De qué material está hecha? ¿Cuántos escalones tiene?

4

El caballo

¿Dónde aparece en tu desierto? ¿Cómo es y qué lleva (si es que lleva algo)? ¿Está quieto o se dirige a algún sitio? ¿Qué sientes al verlo?

Tras visualizar y plasmar cada símbolo, toma nota de todo en el mismo papel. Será importante cuando llegue el momento de leer el juego.

5

La tormenta

¿La ves llegar o te toma por sorpresa? ¿Cómo es? ¿Cuánto dura? ¿Qué sucede después de la tormenta? ¿Cómo están el resto de elementos?

6

Las flores

¿Dónde están situadas? ¿Hay muchas o pocas? ¿Cómo son estas flores?

〜〜〜

Completado el juego, dobla la hoja y guárdala en un lugar donde no puedas perderla. Cuando llegue el momento, tendrás herramientas para interpretarlas.

Volvamos ahora al cuaderno de Ada.

Lo que he visto en el desierto

Hacía al menos quince años que no tomaba un pincel, por eso me ha temblado la mano antes de iniciar mi dibujo.

Eso sí, en mi mente lo he visto muy claro: mi desierto está compuesto por dos grandes dunas. La primera se encuentra más cerca, y la otra queda detrás, en un segundo plano.

¿Significará eso algo?

Siguiendo las instrucciones de Kansbar, he anotado debajo varias palabras que relaciono con esta imagen: *cálido, solitario* y *suave*.

En cuanto a la hora, es el amanecer.

Tras consignar todo eso en el lienzo, he vuelto a cerrar los ojos. El segundo símbolo es el cubo, y el mío ha aparecido en lo alto de la primera duna. Está allí posado y es de oro macizo. La claridad del sol naciente lo hace brillar como si tuviera luz propia.

He anotado a su alrededor hasta cinco palabras que relaciono con él: *riqueza, solidez, valor, resplandor y misterio*.

Completada esta parte, he respirado profundamente, dándome tiempo para ver dónde está mi escalera.

La he encontrado en mi segunda duna. Es de madera. Está clavada en la arena y sube hasta perderse en el cielo. No puedo ver cuántos escalones tiene. Son muchos.

Justo a su derecha ha aparecido mi caballo. Es marrón y no tiene montura ni brida. Tampoco está atado a ningún sitio. Camina libre y eso me transmite serenidad. Parece que está buscando algo o alguien. Es un explorador.

He anotado todo eso.

Me ha costado más imaginar la tormenta, porque sobre el patio hay el sol del mediodía. Pese a que estoy refugiada bajo la higuera, el calor es seco e intenso. Aun así, pronto he logrado visualizar una lluvia de verano que cae directamente sobre el cubo.

Es pasajera, y hace brillar aún más su superficie dorada.

Por último, he podido ver las flores en mi desierto. Son muchas y acaban de nacer. Están debajo del cubo y van bajando por la primera duna, dando alegría a la gran loma de arena.

Terminado el ejercicio, he dejado el pincel en el tintero y me he apartado un poco del lienzo para contemplarlo mejor, como haría un pintor con su obra. La diferencia es que yo no sé el sentido de lo que acabo de plasmar en la tela.

Estoy ansiosa de saberlo.

La lectura del desierto

Hasta entrada la tarde, Kansbar no ha empezado a interpretar el cuadro que reposa en el caballete, bajo la sombra protectora de la higuera.

Antes de eso, su madre ha puesto sobre la mesa del salón un puchero de lentejas. Él ha traído una fuente con arroz y otra con crema de berenjenas acompañada de queso blanco de cabra.

Kansbar me ha acercado un cuenco con hierbas, mientras me explicaba:

—Sírvete un poco, por favor. Son frescas y limpian el paladar entre el guiso de lentejas y el *bandemjan.*

El contraste entre la sopa caliente y el frescor de las hierbas me ha resultado delicioso. He sentido el toque intenso de la menta y el estragón inundando mi paladar. Después, todo me ha parecido aún más sabroso. Todavía débil, siento como si cada uno de esos alimentos me nutriera más allá del cuerpo.

El pequeño Saeed ha estado jugando con un pedazo de pan *sangak*. Tal vez imaginaba que era un animalito, ya que lo ha hecho saltar de un lado a otro, mientras su padre le ayudaba a terminarse el plato.

Kansbar aún no había visto mi lienzo y yo sentía una punzada en el estómago al pensar que quizás descubra cosas de mí que yo misma desconozco.

De repente, me ha sorprendido en la mesa con una pregunta:

—Ada, ¿qué palabras has escrito al contemplar tu desierto?

He cerrado los ojos unos instantes antes de responderle: *cálido, solitario y suave*.

—Muy bien. Vayamos al jardín. Mi madre nos servirá el té allí. Estoy impaciente por ver tu lienzo.

Me he sentado bajo la higuera, observando cómo Kansbar se quedaba de pie frente al cuadro, como un marchante que estima el valor de una pieza.

—¿Qué hora es en tu desierto? —me ha preguntado sin apartar la mirada del lienzo.

—Está amaneciendo.

Kansbar ha permanecido callado largos segundos, con las manos enlazadas tras la espalda. He escuchado la risa del niño justo antes de que entrase con su abuela, que ha dejado la tetera y dos vasos de cristal sobre la mesita del patio.

—¿Has estado alguna vez en el desierto? —me ha interrogado, esta vez mirándome a los ojos.

—No, pero he soñado con él.

Finalmente se ha sentado a mi lado. He tomado un sorbo de té, mientras su voz dulce y nítida enmarcaba con cada palabra.

—El desierto es un reflejo del mundo. Representa tu vida y cómo la ves en este momento, desde tu mirada interna.

He musitado para mí misma la palabra *solitaria,* pero Kansbar ha debido leerla en mis labios, porque ha dicho:

—Ada, toda alma sabia es amiga de la soledad. Cuando hablas contigo mismo, Dios te está escuchando en silencio.

—Entonces… –he vacilado– ¿es mi destino ser una mística o una ermitaña? ¿Voy a caminar siempre sola en mi desierto?

—¡En absoluto! Incluso el peregrino que viaja solo tiene a veces la compañía de otros caminantes. Además, no olvides que tu desierto es *cálido.*

—Sí… ¿eso qué quiere decir?

—Que aunque estés llena de dudas y muchas veces te sientas perdida, sabes mirar el lado soleado de la vida. Por eso en tu desierto siempre amanece… –Ha esbozado una sonrisa enigmática antes de añadir–: pero ya hablaremos de eso. Tu desierto es también *suave.* Las dunas que has dibujado sugieren curvas humanas, belleza y sensualidad. Por lo tanto, eres una mujer apasionada que no da la espalda a lo placentero de la vida.

He sentido que el rubor se apoderaba de mis mejillas mientras lo escuchaba. Es cierto que sigo mis pasiones. De lo contrario, me habría quedado en casa, viendo cómo los días se suceden uno tras otro sin más.

Hipnotizada por sus ojos profundos, para que no notara lo nerviosa que estaba, he comentado:

—Aún no me has hablado del amanecer en mi desierto. ¿Qué significa?

—Que está saliendo el sol en tu vida. Estás despertando, Ada. Y cuando haya luz suficiente pondrás rumbo hacia un nuevo destino.

—¿Qué destino? –he preguntado ansiosa e ilusionada a la vez.

—Eso sólo lo puedes descubrir tú.

Luego se ha marchado, dejándome en el jardín con cara de boba. Antes de desaparecer, Kansbar ha añadido:

—Ahora que sabes lo que significa el desierto, deja que te habite durante las próximas horas.

Estoy anotando todo en mi cuaderno porque no quiero olvidar un solo detalle. Mi humilde dibujo me parece ahora mucho más hermoso. Acaricio con los ojos la primera de las dunas hasta que mi mirada llega al cubo dorado, que es todo un misterio en medio de la nada.

¿Qué significará? No sé por qué razón, pero me inspira ternura.

Antes de levantarme, me viene a la mente mi poema favorito de Omar Khayyam, un matemático y filósofo persa que nació hace mil años:

«Cuando tú estás junto a mí,
cantando en el desierto,
el desierto tiene bastante de paraíso».

El mirador de la vida

La tarde caía como un velo ocre cuando me he aventurado a salir por primera vez. Antes de que me encaminara hacia la ciudad, he visto pasar a un niño guiando con un palo su rebaño de cabras. No debe de tener más de seis años.

El reposo en casa del maestro y la buena cocina están restableciendo mis fuerzas. Lo he notado al empezar a andar por las calles polvorientas bajo la mirada curiosa de los lugareños.

De hecho, podría ya despedirme de Kansbar y su familia para buscar alojamiento cerca de la Mezquita Rosa, como era mi intención, pero no quiero hacerlo aún. No hasta que conozca todos los secretos que encierra mi desierto.

En mi camino hacia la ciudad, me he cruzado con la anciana que me ofreció agua antes de desmayarme. En su mirada había una mezcla de admiración y recelo.

Al llegar junto a un mirador, la voz melodiosa del muecín sobrevolaba los tejados y minaretes de Shiraz. Es el canto de la tarde, cuando las sombras que proyectan los objetos son iguales a su altura.

Apoyada en una baranda de piedra, mientras contemplaba la ciudad, con los montes al fondo bajo un mar rojo de nubes, una tristeza apacible se ha apoderado de mí.

La belleza siempre me ha dolido. ¿Será porque pone en evidencia lo insignificante que es quien la contempla? A veces odio ser como soy. Me gustaría ser como ese atardecer en Shiraz, abrazar todas las cosas con calidez, poner mi suavidad al servicio del amor y hacer el amor con la vida.

Pero soy demasiado solitaria y altiva para mezclarme sinceramente con el mundo. O quizás sea miedo, no lo sé. Como en este atardecer en el mirador, me siento siempre fuera de la escena, espectadora eterna de la vida.

¿Cómo regresar de este exilio provocado por mí misma?

Las primeras luces de las casas se encienden mientras escribo, aquí mismo, estas líneas. Son como ojos que me observan y parecen decirme: «Despierta, forastera. No puedes vivir en un eterno atardecer, pues tu verdadera naturaleza es la luz naciente, si te atreves a seguir la senda que la claridad va desvelando».

Hace poco que llegué aquí, pero siento como si llevara en este lugar desde siempre, como si mi pasado entero fuera un mero prólogo que precede al libro de mi vida.

La lectura del cubo

La lumbre de una lámpara de aceite proyectaba sombras fantasmales en el patio, presidido por el cuadro en su caballete.

Un reflejo de luz dorada caía justo sobre el cubo, otorgándole un extraño resplandor. Kansbar se ha sentado a mi lado y ambos hemos permanecido unos instantes en silencio.

No muy lejos, un grillo lanzaba su canto en ráfagas intermitentes. El maestro del juego ha aprovechado una de las pausas para decir:

—¿Sabes? Mi padre me regaló este conocimiento cuando yo era aún muy joven. Imagínate: mi cubo se alzaba sobre el desierto como una cometa en el aire. Aún me conmueve recordarlo. —Se ha llevado una mano, larga y delicada, al pecho—. Pero ahora ha llegado el momento de interpretar tu cubo. Fíjate, Ada, ¡mira cómo luce posado sobre esa duna!

—Claro, porque es un cubo de oro –he dicho sin entender su entusiasmo.

Kansbar se ha puesto de pie, de nuevo frente al lienzo, y ha reseguido su silueta con los dedos, mientras pronunciaba las palabras que yo escribí al imaginarlo: *riqueza, solidez, valor, resplandor y misterio.* Después se ha girado para observar mi rostro, con esa mirada suya que contiene el lejano océano.

—Si entre las palabras que te ha inspirado el cubo, te pido ahora que elijas sólo una, ¿cuál sería?

—*Misterio.* El cubo es hermoso, pero al mismo tiempo me resulta enigmático en este desierto. Es como si su presencia aquí escondiese un sentido oculto que se me escapa.

—Así es. Tu cubo constituye un bello misterio… Y sólo tú puedes desvelar en profundidad sus secretos. ¿Aún no te imaginas lo que simboliza?

He sacudido la cabeza para indicarle que no.

El grillo intermitente no ha vuelto a cantar. Es como si también él estuviera muy atento a la conversación.

—Ada, el cubo que dibujaste eres tú.

No he sabido qué decir.

—Está hablando de ti, de tu esencia –ha proseguido, tomando de nuevo asiento a mi lado–. Eres fuerte, Ada, por eso has llegado hasta aquí. Tu cubo es *sólido* y se asienta sobre la tierra. Aunque no te lo parezca, sabes ocupar tu lugar en el mundo. Y tienes valores sólidos, viajera. Quizás por eso andas sola, porque no renunciarías a ellos por nada del mundo.

Mientras escuchaba la voz melodiosa de Kansbar, me he alegrado de que la penumbra del patio oculte que estoy ruborizada. No he querido interrumpirle en su lectura del cubo.

—Tienes *valor,* como el oro, y te distingue tu *riqueza* interior. Te acompaña a todas partes un halo de *misterio,* como este cubo en el desierto, porque de hecho eres un enigma para ti misma.

—¿Y eso es malo? –me he aventurado a preguntar.

—Ni malo ni bueno: eres tú.

Fascinada con su interpretación, de repente me he sentido insegura ante sus ojos. Siento que no han dejado de leerme en la penumbra ni un instante.

—El oro es belleza y *resplandor* –ha concluido–. Tú misma te has descrito así a través del cubo.

—¿Y no representa también opulencia y vanidad? Como un deseo de brillar…

—Brillar es hermoso, Ada. El oro pulido refleja al que lo mira como un cálido espejo. Tienes la capacidad de reflejar la luz de otros, de mostrarles su propia belleza. Ése es un extraño don.

—Ojalá fuera así –he suspirado.

—¡Claro que lo es! Tu misión es reconocerlo y ponerlo al servicio de tu vida y de las personas que lleguen a ti. –Se ha levantado lentamente–. Ahora es tarde, deberías retirarte a descansar. Mañana continuaremos con la interpretación.

Él caminaba ya hacia la puerta, cuando no he podido evitar decirle:

—¡Espera un instante, Kansbar! Me gustaría saber de qué material era tu cubo.

He percibido cómo sus ojos, alumbrados por el candil, se encendían al escucharme. En su voz he distinguido un tenue balbuceo antes de responderme:

—Mi cubo era un diamante, estaba flotando en el espacio. Buenas noches, Ada.

Un turbante en el cielo

No puedo dormir. Doy vueltas y vueltas a lo que me ha dicho Kansbar. Creo que necesitaré un tiempo para asimilar todo lo que estoy descubriendo desde que llegué, de forma accidental, a esta casa.

Con la ventana abierta, me he tendido desnuda sobre la cama para que la brisa fresca de la noche acaricie mi cuerpo.

El maestro del cubo ha dicho que soy un enigma para mí misma. Y tiene razón. Quizás por eso viajo sin cesar, me pierdo por el mundo para tratar de encontrarme.

Tal vez valga mi peso en oro, como dice Kansbar, pero me cuesta ver mi propio resplandor.

Ahora sé que su cubo es un diamante. El diamante también refleja la luz; de hecho, la capta en su caleidoscopio y la hace brillar para siempre. Y al mismo tiempo es duro. La punta del diamante puede cortar cualquier material.

Con cada interpretación, siento que él está rasgando mi coraza dorada para que yo también pueda ver qué hay dentro.

Quizás por eso, cuando estoy con él, me siento tan desnuda como ahora, mientras el suave viento del desierto acaricia mi piel.

Cuando he abierto los ojos, el sol se derramaba generosamente por la habitación. He corrido a cerrar el ventanal. Me pregunto si alguien me habrá visto durmiendo sin siquiera una sábana que cubra mi cuerpo.

Al preguntarme si Kansbar me habrá descubierto, lo he hecho con más curiosidad que vergüenza. Siento que ya está desnudando mi alma, algo que hasta ahora ni siquiera me había permitido a mí misma.

Recostada en la cama con un almohadón tras la espalda, mientras espero la llamada para el desayuno, por mi mente aún bailan algunos retazos del sueño.

No sé en qué momento me he dormido, pero he viajado a un parque de mi infancia. Yo tendría unos diez años y me habían dejado al cargo de dos niños mucho más pequeños. Sentados los tres sobre el césped, les he señalado una nube que atravesaba, muy lentamente, el cielo de verano. Era grande y espesa como una ballena.

—Imaginad que estamos bajo el mar –yo les decía–, un mar muy transparente y lleno de colores. Debajo de esa ballena.

—No es una ballena –ha protestado uno de los niños–. Es un turbante. Uno muy grande.

—¿Ah, sí? –le preguntaba yo interesada–. ¿Y a qué cabeza enorme corresponde ese turbante?

—A la cabeza de un señor invisible. Está ahí arriba…

—Sí –ha añadido el otro niño contagiado por la fantasía del otro–. Nos está mirando.

—Entonces es verdaderamente un hombre invisible –le comentaba yo–. Sólo podemos ver la ropa. El turbante, en este caso. ¿Y por qué nos está mirando?

—Quiere venir a jugar con nosotros –ha dicho el primero–, pero no se atreve.

—¿Por qué no se atreve?

—Porque si baja, con ese turbante tan grande en la cabeza, se va a llenar todo de niebla. Nadie verá nada y los coches de la calle chocarán entre ellos.

Creo que ha sido mi propia risa la que me ha despertado. Me embargaba una serena felicidad mezclada con nostalgia. Estaba a gusto con esos niños, alentando su imaginación para que crearan otro mundo.

¿Y si mi misión fuera, como dijo ayer Kansbar, reflejar la luz de los demás? ¿Qué pasaría si, en lugar de hacer fotografías y escribir, ayudara a otros a imaginar?

El eco cercano de un hervidor de agua me ha hecho volver al presente.

Es extraño. Desde que estoy aquí, no siento la necesidad de viajar a ningún otro sitio. Sé que no tiene sentido, pero es como si hubiera llegado por fin a casa.

La lectura de la escalera

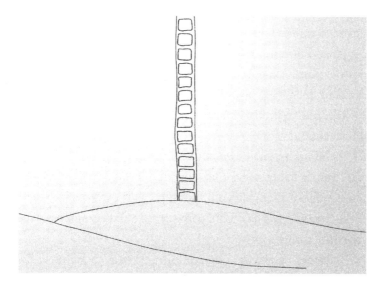

Antes de desayunar, Kansbar me ha pedido que le acompañe al jardín para continuar con la interpretación. Era temprano y el sol empezaba a elevarse, mientras la luna creciente continuaba visible en el cielo, suspendida cerca de las montañas.

Un intenso aroma a flores flotaba en el aire. Me ha parecido un buen presagio.

Al llegar al patio, he visto unos pajarillos revoloteando cerca del pozo. Había un cuenco con agua en uno de los bordes. La deben poner fresca cada mañana, no sé si el maestro o su madre.

Nos hemos sentado de nuevo bajo la sombra apacible de la higuera. Él contemplaba el lienzo sin pronunciar ni una palabra, mientras yo observaba el perfil de su rostro. Me gustan sus facciones amables, su frente despejada por las incipientes entradas, con su barba recortada justo a la altura de la nuez.

Al incorporarse, los pajarillos han levantado el vuelo. Se han quedado vigilándolo desde las ramas. Kansbar ha sacado entonces de sus bolsillos un puñado de trigo y lo ha esparcido alrededor del pozo. Después ha regresado a mi lado, dejando en un extremo de la mesa unos granos.

Tras este delicado ritual, se ha dispuesto a desvelarme un nuevo símbolo.

—Dibujaste una escalera que se alza hasta el cielo. ¿Sabes que nunca había visto una tan alta como la tuya? Dime, ¿crees que sería sencillo subir por ella?

—Sí que lo es –he dicho, convencida–. Tal vez no lo parezca, pero es muy sólida.

—Tienes razón, veo que está bien clavada en la duna –ha comentado mientras se acariciaba la barba.

Me he imaginado subiendo por ella y a él siguiendo mis pasos. Es tan larga que no es posible ver su fin tras las nubes.

—Ada, la escalera representa a las personas importantes de tu vida. Son tus amigos y tus seres queridos. Has dibujado tantos peldaños que imagino que deben de ser muchos en tu caso… ¿No es así?

Me he quedado un rato pensativa. También algo triste. Finalmente he dicho:

—Nunca me he sentido cerca de mi familia, no comprenden mi manera de vivir. Y no se lo reprocho… Tampoco yo me comprendo muchas veces a mí misma.

Kansbar se ha limitado a esbozar una sonrisa suave, invitándome a que siguiera.

—Al mismo tiempo, es cierto que tengo muchos amigos repartidos por el mundo. Son personas que he ido conociendo en mis viajes. No es fácil mantener el contacto, pero están siempre en mi corazón.

—Tus amigos te elevan al cielo, como esta escalera que asciende hasta las nubes –ha recapitulado–. Es una familia espiritual que te permite soñar.

He sentido que un pequeño y cálido fuego prendía en mi pecho. Ojalá el tiempo se detuviera en este jardín secreto, he pensado, quedarme para siempre bajo la higuera... junto a Kansbar. Él no lo sabe todavía, pero es uno de esos escalones que me elevan más allá de mí misma.

Mi respuesta, sin embargo, ha sido mucho más convencional:

—Gracias a mi trabajo, he tenido la oportunidad de conocer a gente muy interesante. Aunque esté lejos, su recuerdo me acompaña en los momentos de tristeza y soledad.

Kansbar ha hecho una pausa, como si esperara que dijera algo más. Luego ha comentado:

—Tu escalera es de madera. ¿Qué representa eso para ti?

—La madera es noble y a mí me gusta mucho su tacto. ¿Tiene eso algún significado?

—Por supuesto, Ada. Lo has definido con tus propias palabras. Eres noble con tus amigos y esperas ese mismo trato por su parte. Sólo desde esa premisa pueden acompañarte en el camino al cielo, ayudarte a crecer. Os habéis elegido mutuamente, sois familia sin necesidad de llevar la misma sangre.

—Es cierto.

A medida que avanzamos en el juego, siento que me adentro en un mundo que siempre ha estado ahí, dentro de mí misma, pero que hasta ahora no había sabido ver.

Tras esta charla, Kansbar ha vuelto a dejarme sola. Sabe que tomo notas de lo que me explica en este cuaderno.

Dicen que en todo verdadero viaje hay alguien que sale de casa, pero es alguien distinto quien regresa. Siento, más que nunca, que eso es así.

La lectura del caballo

Guardo una foto dentro de mi cuaderno. En el retrato, estoy sentada en el regazo de mi madre, sonriendo, mientras ella cruza sus manos sobre mi pecho. Contemplando a esa niña de hoyuelos en las mejillas, me pregunto: ¿en qué momento dejé de sonreír?

No soy capaz de recordarlo, pero es como si hubiera perdido la capacidad de ver el oro que hay en mí.

Pienso en ello al retirarme a mi alcoba a descansar después del almuerzo. Un silencio espeso y confortable envuelve la casa.

Me ha despertado la risa del pequeño y la voz de su abuela llamándolo desde el jardín. La luz ocre que se cuela por la ventana indica que he dormido cerca de dos horas. ¡Qué barbaridad!

Por suerte, he despertado a tiempo para asistir a una bella escena. En el jardín, el pequeño Saeed ayudaba a recoger las flores, aún cerradas, del jazmín que se alza en uno de los muros. Anahi, la madre del maestro, ha hecho un gesto para que me acercase y me ha enseñado cómo las ensartaba, pasando con la aguja un hilo por cada una de ellas.

Después ha dejado los jazmines en una fuente de mimbre y hemos ido hacia la cocina a preparar la cena.

Ella sabe que deseo ayudarla desde que llegué y me ha dado dos granadas para que las desgrane. Haremos una sopa fresca con ellas.

Estamos aprendiendo a comunicarnos en un lenguaje de gestos. Y, no sé por qué, pero más allá de los mundos que nos separan, siento que ella me acepta sin condiciones.

Ha tomado mi mano y me ha llevado a una mesa al fondo de la cocina, donde los jazmines se están abriendo y desprenden todo su aroma. Ha respondido a mi sorpresa poniendo una de las ristras ensartadas alrededor de mi cuello.

En ese momento, Kansbar ha venido por mí y me ha mirado de una forma diferente, con el brillo de quien encuentra un oasis tras una larga travesía del desierto.

—Si has descansado suficiente, podemos continuar con tu juego antes de cenar.

He asentido con la cabeza, llena de entusiasmo, y le he seguido hasta el jardín. Kansbar se ha plantado delante del lienzo con los brazos en jarras, como si lo viera por primera vez.

—El caballo simboliza el amor, pero creo que ya lo has intuido.

He vuelto a sentir el rubor en mis mejillas mientras él proseguía.

—¡Míralo bien! Está caminando por la segunda duna. Es el primer símbolo vivo del paisaje. Si hay algo que puede perturbar la calma del desierto es la llegada del caballo.

Estas palabras me han hecho estremecer.

Tratando de ocultar mi emoción, he murmurado con fingida ingenuidad:

—¿Por qué estará tan lejos de mi cubo?

—Es libre, Ada. Tan libre como tú. Por eso lo has imaginado así. No lleva silla de montar, ni brida. Ahora, lee lo que escribiste tras poner a ese caballo en tu desierto.

—«Parece que está buscando algo o a alguien».

—Es natural, puesto que es un explorador de la vida. Por eso está siempre en movimiento.

—Tal vez haya subido a esa duna para ver mejor el cubo –he apuntado esperanzada.

—O porque respeta la libertad del cubo y no quiere ser invasivo. ¿No es el cubo, también, muy celoso de su libertad?

—Sin duda.

—En el amor, somos espejos, Ada. Si te sientes libre, tu corazón anhelará a alguien que lo sea tanto como tú.

He tragado saliva, sin saber qué decir. Kansbar ha continuado:

—Hay quien ata su caballo a una palmera y lo justifica así: «Es tan hermoso que no quiero que se vaya».

—No es ésa mi manera de ver el amor –he dicho sin vacilar–, el juego está en lo cierto. Y tú, ¿cómo imaginaste a tu caballo?

—Desnudo y salvaje, por supuesto… Ahora descansa un poco, Ada. Aún tardaremos un rato en cenar.

Me ha sorprendido la rapidez con la que Kansbar ha cerrado la sesión. Por primera vez desde que llegué a esta casa, le he visto nervioso.

Me he aventurado a decirle:

—La verdad es que me gustaría dar un paseo. ¿Quieres acompañarme?

Ha asentido con un gesto suave de la mano.

Tras dejar la casa atrás, hemos caminado por un sendero que bordea unos campos de cultivo. Una suave brisa ha despertado la fragancia de los jazmines que Anahi ha puesto en mi cuello.

Hemos paseado en un silencio que no era incómodo hasta llegar a una pequeña elevación. Una vez allí, nos hemos sentado de espaldas a la ciudad a contemplar el cielo.

Muy cerca de la Luna he visto a Venus, la diosa del amor en la mitología romana. Es la última estrella que se esconde al llegar el nuevo día y la que más brilla al caer la tarde. Como ahora.

Sentada junto a Kansbar, me ha parecido un diamante tintineando en la bóveda celestial. Mientras la contemplaba hipnotizada, una estrella fugaz ha surcado el cielo. Ha pasado tan veloz que apenas he tenido tiempo de pedir un deseo.

—Kansbar, ¿crees que algún día encontraré a mi caballo?

Bajo la luz de la Luna en compañía de Venus, me ha parecido que también sus ojos brillaban como dos grandes luceros.

—Puesto que el amor es un juego de espejos, para hallar lo que buscas primero tendrás que encontrarte a ti misma.

Lo he mirado sin entender y él ha añadido:

—Por muy libre que seas, si no te amas primero a ti misma, no sabrás encontrar fuera el reflejo de tu propio amor.

—Entonces... si el amor no se busca, tendrá que ser él quien nos encuentre —he empezado a divagar—. Y eso sólo sucederá cuando el espejo de mi corazón esté tan limpio y pulido que pueda reflejar toda la claridad de Venus. Entonces deslumbraré a ese caballo libre que busca lo mismo que yo, y vendrá atraído por mi luz.

Los grandes ojos de Kansbar han mostrado admiración al concluir:

—Sucederá así, tal como has dicho.

El carnaval del amor

A nuestro regreso, Kansbar no me ha acompañado en la cena. Se ha disculpado diciendo que no tenía hambre y se ha retirado a su habitación. Sola en la mesa, he comido un bol de sopa de granada con un poco de pan, mientras por mi mente trotaban todos los caballos de mi historial amoroso.

El primero era varios años mayor que yo, y le conocí en el último curso de la escuela. Era profesor de gimnasia y admiraba de él su fuerza y seguridad. Conseguí que se fijara en mí reforzando mi rareza hasta que me pidió una cita.

De él aprendí el lenguaje de la caricia y el beso, pero su interior era una cueva sin luz, desconocida incluso para él mismo.

Tal vez por eso, el segundo caballo que llegó a mi vida era de signo opuesto. Puse mi mirada en un chico misterioso y apocado que acudía al taller de fotografía. Tenía la mirada huidiza de un cervatillo y siempre cargaba con libros.

Cuando me acerqué a él para seducirlo, al principio creyó que sólo trataba de gastarle una broma. Por mi manera extravagante de vestir y el descaro con el que hablaba, cigarrillo en mano, acostumbraba a ser el centro de atención.

Aquel caballo asustado necesitó varios cafés y paseos por el parque para convencerse de que era cierto que lo había elegido a él. A partir de aquí me convertí en su diosa. Me escribía poemas y largas cartas de amor, y cuando estábamos juntos me miraba como a un ser de otro mundo.

Yo era la única modelo de sus retratos, con ropa y sin ella, y el único objeto de sus pensamientos. Me cansé de ser su musa y de vivir en un pedestal. Por eso me fui.

Tras estas dos experiencias contrapuestas, he vivido toda clase de desastres amorosos.

Algunos, como el joven fotógrafo, eran amables y solícitos, pero sin serlo con ellos mismos.

Otros eran vanidosos y, a la vez, terriblemente inseguros.

Había quien vertía miles de palabras para enmascarar el silencio, y quien vivía sólo para sí mismo, incapaz de lograr que su alma escapara de su caparazón para fundirse con otra.

Conocí a toda clase de personajes en el carnaval del amor, pero mi corazón nunca era una fiesta.

A punto de cerrar este cuaderno para acostarme, esta noche pensaré en ese caballo libre y desnudo que me observa desde la duna. Quiero saber si podemos trotar juntos más allá del desierto, más allá de nosotros mismos.

Fuego sobre fuego

Acabo de soñar con Kansbar. Caminábamos por el desierto hasta llegar a un frondoso oasis donde la fragancia del jazmín lo impregnaba todo. Sin mediar palabra, ha dibujado un círculo en la arena y se ha tumbado.

Yo me he tendido a su lado. Juntos mirábamos los pedazos de cielo que titilaban a través de las hojas de una palmera.

Tenía la certeza de que algo iba a suceder, cuando de repente un relámpago ha atravesado el cielo. Sus ojos protectores me han mirado en medio del estallido de luz. Instantes después, un poderoso trueno hacía temblar el suelo.

Una lluvia templada ha empezado a caer sobre nosotros.

Entonces me he despertado.

Es de madrugada y siento un calor húmedo en todo el cuerpo, como si la lluvia del desierto me hubiera empapado. Fuera, sólo la luna y el canto de los grillos.

Incorporada en la cama, escribo a la luz de una vela. Siento la necesidad de componer versos. No me sucedía desde que era adolescente.

Hay miradas que son fuego sobre fuego.
Este abismo infinito en el que deseo asomarme
contiene la fuerza arrolladora del deseo
y el vértigo tras él.

Cuando cierre este cuaderno, invocaré la magia de Venus para que me devuelva al mismo sueño, del que desearía no despertar.

La lectura de la tormenta

Hoy ha sido el primer día que me he puesto un vestido, el único que tengo en mi equipaje.

He llegado al jardín antes que Kansbar. Aunque he dormido poco, me sentía extrañamente despierta, más atenta que nunca.

Él no ha tardado en aparecer, y su mirada ha delatado que no le pasaba por alto mi nueva apariencia.

—*Salam…* ¿Has descansado bien?

—Muy bien –le he mentido.

De nuevo ha repetido el ritual. Sus pasos firmes hacia al pozo, el trigo para los pajarillos y, poco después, su presencia atenta frente al lienzo.

—Parece una tormenta pasajera. ¿Es así, Ada?–me ha preguntado, mientras se sentaba frente a mí.

—Sí, es una lluvia de verano.

—Ya veo… ¿Y por qué cae sobre el cubo?

—Porque está sediento –le he respondido, sin dudarlo–. El fuego del desierto lo está abrasando…

Ha vuelto a mi mente el sueño y lo que escribí al despertar en plena madrugada. Me daba cuenta de que no tenía prisa por saber el significado de la *tormenta*. Sólo deseaba estar allí, a su lado.

—Entonces, ¿dirías que la lluvia ha llegado para calmar la sed del cubo? –me ha preguntado.

—Sí, ¡eso es! Y también para limpiarlo, porque tras secarse al sol, ahora luce más brillante.

En este momento ha entrado Anahi con una bandeja. Ha dejado sobre la mesa la tetera con dos vasos y una fuente de pan dulce que ella misma ha horneado.

He bebido un sorbito del té, mientras esperaba que Kansbar iniciara su interpretación:

—Ada, la *tormenta* representa los conflictos que llegan a tu vida.

—Vaya… –he respondido con sorpresa– pues todos apuntan hacia a mí.

—Eso es positivo. Significa que te gusta resolver por ti misma tus problemas. Las tormentas llegan a nuestra vida para traernos aprendizajes que nos hacen crecer. Ése es el brillo que hay en tu cubo tras haberse secado bajo los rayos del sol.

—Tienes razón. Después de todo, las tormentas de la vida me han traído hasta aquí… Pero, ahora que sé el significado, ¿no te imaginas lo que más me gusta?

—No, ¿qué es? –ha preguntado lleno de interés.

—Que mi caballo sigue en la duna. Sin inmutarse, sereno como antes de la lluvia.

—Eso es lo que deseas a tu compañero cuando lo amas de verdad. Compartir la belleza de la vida, mientras cada cual se responsabiliza de lo que le corresponde. —Sus largos dedos se han acariciado la barba antes de añadir–: Hay personas que, después de la tormenta, visualizan cómo su caballo se va trotando muy lejos hasta desaparecer del paisaje.

Esto último me ha tocado especialmente. Siempre me han acusado de ser complicada y eso provocó la fuga galopante de más de un amor.

Como si el universo de mi desierto hubiera rebasado los límites del lienzo, de repente ha empezado a llover. Primero eran gotas aisladas, mientras el cielo sobre el patio oscurecía. Luego se ha transformado en una lluvia fina y constante.

Kansbar se ha apresurado a plegar el caballete y lo ha llevado al interior de la casa, mientras yo seguía sus pasos.

Anahi y el pequeño Saeed estaban junto a la celosía que abre el jardín, con las manos abiertas bajo la lluvia.

—¡Cada gota que cae del cielo es un pequeño milagro! –ha dicho Kansbar.

Mientras escuchaba el rápido chapoteo de las gotas en el suelo, he vuelto por un instante a su interpretación. Si afrontar las tormentas de la vida me ha hecho lo que soy y me han traído hasta aquí, bendita sea la lluvia.

El oráculo del pájaro

Cuando ha cesado el chaparrón de verano, ya habíamos terminado de desayunar. Kansbar ha salido entonces al patio y ha levantado la cabeza hacia las nubes.

—El cielo está mucho más limpio ahora –ha dicho–, como tu cubo. Sería un buen momento para conocer la ciudad. ¿Quieres que te la muestre?

—Me encantará.

Llena de gozo, he ido a buscar un fino pañuelo de seda para cubrirme la cabeza. Luego hemos salido de la casa bajo la atenta mirada de Saeed y su abuela.

Ciertamente, se respiraba un aire mucho más limpio y fresco. A medida que bajábamos, las cúpulas y minaretes se dibujaban con gran nitidez contra el cielo azul.

A medida que penetrábamos por las callejuelas del centro, se multiplicaban las miradas sobre mí. Pese a llevar el pelo cubierto, el fino vestido occidental, a la altura de las rodillas, me delata como extranjera.

Estoy acostumbrada a ser la nota discordante, también en el lugar de donde vengo, así que no me importaba aquella atención. Kansbar tampoco parecía tener problema con eso. Prueba de ello es que, al pasar junto a un negocio diminuto, regentado por un hombre orondo, me ha preguntado:

—¿Quieres probar el *Faloodeh*? Es un dulce típico de Shiraz, muy refrescante.

He asentido con la cabeza y Kansbar me ha contado que son bolas formadas con fideos congelados.

—Están hechos con agua de rosas, zumo de limón y azúcar.

El heladero nos ha servido dos bolas a cada uno y nos hemos sentado en un banco delante del local.

Aunque un poco dulce para mi gusto, me ha gustado el *Faloodeh*, y aún más tomarlo sentada a su lado, como una pareja más de Shiraz. Me he preguntado si, cuando vivía su esposa, antes del nacimiento de Saeed, iban juntos a esta misma heladería.

Como si Kansbar hubiera intuido mis pensamientos, ha terminado su dulce con premura y se ha levantado. Ha hecho ver que escrutaba el cielo. Lucía limpio como una sábana celeste por estrenar.

Respetando su ensimismamiento, me he incorporado también y hemos caminado en silencio hasta la Mezquita Rosa.

Al llegar allí, he entendido por qué recibe este nombre. A diferencia de otras mezquitas, en las que prevalecen los tonos azules, en los ornamentos geométricos o de flores domina el rosa.

Kansbar caminaba a mi lado con un respetuoso silencio, contemplando todo con detenimiento, como si lo viera por primera vez.

—¿Sabes, Ada? –ha dicho al fin–. El mejor momento para visitar Nasir al-Mulk, como llamamos a la Mezquita Rosa, es bajo la luz del amanecer. A esa hora, los primeros rayos de sol penetran a través de las vidrieras, derramando sobre la sala de plegaria una luminosidad maravillosa.

—Oh… Entonces, mañana me despertaré al alba y volveré.

Por unos instantes, me ha invadido un sentimiento de tristeza al recordar que en breve tendré que partir y continuar con mi viaje.

Una vez fuera de la mezquita, Kansbar me ha llevado hasta la tumba de Hafez, bajo una glorieta de esbeltas columnas.

—Es un poeta persa del siglo XIV –me ha explicado con un tono más relajado–. Además de saberse el Corán de memoria, escribió muchos versos que siguen inspirando hoy en día.

Me he fijado en que al lado de su tumba había un anciano con un curioso tenderete. Tenía un pájaro sobre el mostrador que picaba semillas junto a una cajita con un orificio.

Al notar mi interés, el hombre nos ha indicado con un suave gesto de su mano que nos acercáramos.

—Quiere darnos el oráculo –ha dicho Kansbar de buen humor.

—¿Ah, sí? ¿Y cómo?

—Ven conmigo y lo verás.

Tras intercambiar unas palabras en farsi, ha puesto dos monedas en la mano ajada del anciano, que acto seguido ha llamado al pajarillo con un silbido.

La pequeña ave ha dado dos saltos antes de meterse dentro de la caja de madera, de la que ha salido con un pequeño rollo de papel en el pico. Kansbar lo ha tomado con delicadeza y, tras un nuevo silbido de su amo, el pájaro ha repetido la operación.

Esta vez le he quitado yo el canutillo de papel. Lo he desenrollado para ver un mensaje en alfabeto persa que no puedo leer.

—Son versos de Hafez —me ha aclarado Kansbar mientras cogía mi oráculo—. La gente de Shiraz cree que, cuando los elige el pájaro, predicen el porvenir. ¿Quieres que lea tu futuro?

—¡Por supuesto! —le he pedido entusiasmada.

Tras un par de segundos, ha traducido:

—«Cuando la vista alcances de lo que anhelas, el mundo deja y abandona».

—Eh, pero… ¿qué oráculo es ése?

—Eso sólo lo puedes saber tú —ha dicho con una sonrisa.

—De acuerdo… Voy a pensar sobre ello. ¿Y tu oráculo? —le he dicho a continuación—. ¿Qué te dice a ti Hafez?

Kansbar ha desenroscado el papelito con cuidado. Al leer, sus cejas se han elevado expresando sorpresa.

—¿Y pues? —he preguntado impaciente.

—Tengo que meditarlo —se ha limitado a decir, nervioso, mientras guardaba el mensaje en su bolsillo—. Ahora deberíamos volver a casa. He prometido cocinar *tahdig*.

La lectura de las flores

Nada más regresar del paseo, el pequeño Saeed ha corrido al encuentro de su padre. Él lo ha alzado en sus brazos y le ha dicho algo en farsi que ha hecho que el niño estalle en carcajadas.

—Kansbar —le he preguntado de repente—, ¿qué significado tiene el nombre de tu hijo?

—Saeed significa «feliz» —me ha respondido—. Ahora voy a preparar el *tahdig*. Es un plato tradicional muy rico y a la vez sencillo de hacer. ¿Quieres aprender?

He asentido entusiasmada y le he acompañado a la cocina.

Anahi tenía varios platillos fríos preparados y había hervido ya el arroz. Sobre uno de los mármoles le había dejado todos los ingredientes: un cuenco con agua de rosas, un par de huevos, hebras de azafrán, aceite y un poco de yogur.

Kansbar me ha explicado cómo se elabora la receta, mientras batía los huevos y los mezclaba con el resto de ingredientes. Después lo ha vertido todo sobre el arroz y ha tapado la cazuela.

—Ahora debemos dejar que se dore a fuego muy lento para que quede bien crujiente. Es el secreto de este plato.

—Seguro que será delicioso, como todo lo que hacéis en esta casa.

El maestro se ha llevado ambas manos al pecho, inclinando su rostro con gratitud. Luego ha propuesto:

—Si te parece, terminaremos la lectura de tu juego mientras se dora el *tahdig*. Mi madre lo vigilará.

Nos hemos encaminado hacia el jardín, donde el último símbolo esperaba ser desvelado.

—No anotaste qué tipo de flores son... –me ha dicho Kansbar al plantarse de nuevo frente al lienzo.

—Imaginé que eran caléndulas anaranjadas, como los tonos del desierto al amanecer.

—Una flor bella y sencilla, que además tiene propiedades medicinales, ¿lo sabías?

—Sí, mi madre las cultiva en su jardín. ¿Qué significan en mi juego?

Se ha sentado frente a mí y, con su voz suave como un murmullo, ha explicado:

—Has dibujado tantas que cubren la loma de tu duna como un gran tapiz. Las flores simbolizan la *creatividad*, la artística y la de los hijos.

—Mi creatividad está rebosante, entonces... –he dicho complacida.

—Así es. Tu juego indica que la creación es el cauce natural de tu vida. En este hermoso tapiz que fluye de tu cubo, tus flores son las fotografías que haces, tus escritos y cada una de las palabras que anotas en ese cuaderno. Un día, las flores serán tus propios hijos.

Emocionada, no he sabido qué contestar a eso último, así que le he preguntado:

—¿Y cómo eran tus flores, Kansbar?

—Eran margaritas blancas que se esparcían por la arena. ¿Sabes? Hay personas que imaginan flores muy sofisticadas. Para ellas es muy importante que sus hijos, espirituales o biológicos, sean tan extraordinarios como sus flores. Yo, en cambio, amo la sencillez. Sólo anhelo que Saeed sea feliz y elija lo que quiera ser en la vida. No debe satisfacer a nadie más que a sí mismo. Éste es un principio básico de la felicidad.

Dicho esto, ha desmontado el lienzo del bastidor y lo ha enrollado con cuidado para entregármelo con estas palabras:

—Ahora que sabes lo que significa, el juego es tuyo.

Vidrieras al amanecer

En mi última noche, me he despertado varias veces por temor a quedarme dormida y no poder contemplar el amanecer en la Mezquita Rosa.

El lienzo enrollado de mi juego ya está a buen recaudo en la maleta. A mi vuelta, me despediré de ellos y proseguiré mi viaje. Terminada la interpretación, ya no tengo más excusas para permanecer en esta casa.

Al salir, la luz empezaba a clarear anunciando el nuevo día, mientras Venus aún tintineaba en el cielo. He caminado por el mismo sendero que ayer recorrí al lado de Kansbar.

Cuando he entrado en la mezquita, un denso aroma a incienso ha embargado mis sentidos. Me he quedado de pie, en la parte trasera de la sala de plegarias, respetando el espacio de los que oraban arrodillados.

Han pasado unos minutos antes de que los primeros rayos de sol se empezaran a filtrar por las vidrieras, proyectando un arcoíris calidoscópico sobre las alfombras. La sensación de estar en otro mundo me ha inundado de paz.

La mujer perdida que llegó a esta tierra ya no existe. Ahora soy una peregrina que goza con cada reflejo de la belleza del mundo. Mientras contemplaba el espectáculo multicolor, he oído en mi interior la voz del maestro, que decía: «Oro engarzado en diamante».

Él es quien ha unido las piezas de mi puzle, mostrándome a través del juego todo cuanto soy.

Con una leve reverencia a la luz y a la magia del templo, he girado sobre mis pasos para tomar la senda de regreso hacia la casa de Kansbar.

Me ha parecido que el camino transcurría en un suspiro.

He entrado con el sigilo de una ardilla, por si aún dormían, pero Anahi ya estaba en la cocina. Saeed, a su lado, tomaba un vaso de leche que le ha dejado un cerco blanco alrededor de los labios.

A Kansbar lo he encontrado en el jardín, admirando un día más cómo se alimentaban los pajarillos. Me he despedido de él agradeciéndole todos sus cuidados. Del cuerpo y del alma.

—Tenías razón... El amanecer en la mezquita es mágico. Es el juego de luces más hermoso que jamás han visto mis ojos. –Y, con un nudo en la garganta, he añadido–: Ahora debo marcharme, antes de que el calor sea más fuerte.

Al saber que voy a continuar mi viaje se ha quedado muy quieto, como si no hubiera esperado que algo así pudiera suceder. Viendo que no se movía, he avanzado hacia él y le he tomado la mano. Ese gesto me ha bastado para sentir cómo su fuerte cuerpo temblaba.

El mensaje de Hafez

La despedida de Anahi y el pequeño Saeed me ha resultado más dolorosa de lo que imaginaba. Creo que nunca como aquí me he sentido en mi hogar. Tal vez por eso, he echado a andar con la maleta en la mano sin mirar atrás.

Dos niños que no debían de tener ni diez años han corrido a mi encuentro mientras lanzaban palabras inconexas en francés. Uno de ellos ha tomado mi maleta y el otro la ha puesto en un improvisado carrito, que ha levantado una nube de polvo al empezar a rodar.

El primero ha hablado de un hotel junto al jardín de Eraz, el otro de un tío suyo que posee transporte para llevarme a Isfahán.

Sin responder nada, me he limitado a seguir en dirección a la ciudad. Cada paso que daba me costaba más que el anterior, como si caminara bajo el agua a gran profundidad.

Al llegar hasta el mirador donde, días atrás, habíamos contemplado Venus y la Luna, de repente les he dicho:

—Necesito volver un momento a casa del maestro. He olvidado algo allí.

—Claro que sí, Madame –han respondido casi al unísono.

Hemos rehecho el camino en medio del trajín de las primeras horas de la mañana. Pasaban mercaderes con sus borricos cargados de tinajas, niños que voceaban sus productos,

73

mujeres atareadas y ancianos que saludaban desde los portales.

Al llegar a la casa, he dado dos monedas a los porteadores y les he pedido que esperen al otro lado de la calle. Tras mirar con incredulidad el brillo del cobre, han hecho lo que les he pedido.

Sólo entonces he llamado a la puerta.

Unos pasos rápidos y marcados han anticipado quien venía a abrir.

Kansbar me ha mirado con asombro al verme de nuevo en el umbral. Sin más dilación, le he preguntado:

—¿Qué decía tu papel? El mensaje de Hafez... me gustaría saberlo antes de partir.

Ha hecho una inspiración profunda y se ha llevado la mano al bolsillo para extraer el papel elegido por el pájaro, junto a la tumba del poeta.

Sus ojos me han mirado con una luz sobrenatural antes de traducir en voz alta:

—«Decirte cómo está el corazón es mi deseo. Recibir noticias del corazón es mi deseo».

Entonces lo he abrazado y sus manos se han posado en mi espalda con suavidad, sabiendo que no necesitan retenerme, porque no hay ningún otro lugar en el mundo al que yo desee ir.

El cuaderno del cubo

Claves para leer e interpretar el juego

«Tu viaje exterior puede tener un millón de pasos;
tu viaje interior sólo tiene uno:
el paso que estás dando ahora mismo».

ECKHART TOLLE

Querido lector, en este cuaderno encontrarás una guía sencilla para la interpretación de tu juego. No obstante, el maestro que desvelará y se identificará con el significado eres tú mismo. Deja que tu imaginación te permita hacer la lectura desde los sentidos. Exactamente igual que cuando visualizaste por primera vez cada uno de los símbolos antes de plasmarlos sobre el papel.

Para interpretar tus respuestas, te será de gran ayuda abrirte a la asociación de ideas. Imagina que, por ponerte un ejemplo sencillo, visualizaste que en algún lugar de tu desierto hay un «cofre escondido». Tal vez ese cofre sea un tesoro. Un talento que posees y aún no has descubierto… Lo más importante es que te preguntes: ¿qué significado tiene para mí?

No hay dos juegos iguales, como tampoco existen dos personas iguales. Cada cual es un ser único y excepcional. Las respuestas de tu juego también lo son. Desde esa unicidad nos mostramos al mundo y aprendemos a caminar por la vida.

Los símbolos que aparecen han sido sabiamente escogidos (*creemos que por los maestros del sufismo*) y son válidos para cualquier persona del mundo, sea cual sea su edad, género, cultura, religión o creencias.

Cada uno de ellos abre una puerta al inconsciente que te permite contemplar cómo eres y cómo te muestras ante los demás, qué esperas de tus relaciones, tanto en la amistad como en la pareja, y qué visión tienes de tu propia vida.

Deseamos que este conocimiento te ayude a descubrirte y comprenderte mejor para que de ese modo puedas moldear tu destino.

Como los personajes de la fábula, somos los creadores de nuestra vida. El juego del cubo es una herramienta para conocer el momento vital en el que estás ahora mismo. A través de tus propias respuestas, emprenderás un viaje interior.

Recuerda que, para una mejor comprensión global del juego, debes interpretarlo en el mismo orden en el que lo hiciste: el *desierto,* el *cubo,* la *escalera,* el *caballo,* la *tormenta* y las *flores.*

Y, sin más dilación, esperando que lo disfrutes, ¡descubramos el juego del cubo y sus claves!

El significado del desierto

❦❦❦

«Lo bello del desierto es que en algún lugar esconde un pozo».

ANTOINE DE SAINT-EXUPÉRY

❦❦❦

Imagina un desierto...

Imaginar tu desierto es una invitación a desnudarte por dentro. Y adentrarte en él requiere un gran valor, ya que este paisaje simboliza, en el juego, **tu vida y la visión que tienes del mundo.**

El desierto es una representación de tu vida tal y como tú la percibes en el momento de hacer el juego.

Muchas personas visualizan en su desierto dunas, oasis, camellos, tuaregs, etc. De hecho, poco después de iniciar el juego, el paisaje cobra vida propia con la llegada de los demás elementos.

Las palabras que escribiste reflejando lo que sentías al contemplar tu desierto definen tu percepción de la vida. Si tuvieses que elegir ahora una sola de esas palabras, ¿cuál sería?

Pues esa que acabas de elegir es la más significativa.

79

Si tu existencia fuera una obra de teatro en la que eres el protagonista principal, esa palabra sería el tema de la obra que estás interpretando.

Tu desierto revela si observas la vida con cierto desencanto o bien la ves como un lugar donde toda aventura es posible.

Quien visualiza su desierto como un lugar frondoso y lleno de riquezas es mucho más optimista que quien lo ve como un territorio árido y desafiante.

Si en el futuro haces el juego a otras personas y comparas sus respuestas con las tuyas, observarás diferencias muy importantes. Están relacionadas con tus creencias personales y con las habilidades que has desarrollado a lo largo de tu aprendizaje.

Veamos algunos ejemplos...

- Hay gente que visualiza su desierto como una tierra árida que no «sirve para gran cosa». Lo definen con palabras como: «inhóspito», «seco» o incluso «amenazador».
- Otros se centran en que es «silencioso» y «solitario». Ven un paisaje para la contemplación, un lugar para meditar y aprender.
- Algunos desiertos contienen oasis, caravanas, palmeras... es decir, están llenos de vida.

Cada elemento que pongamos en el desierto tiene su simbología, pero sólo el propio consultante la puede interpretar.

Por ejemplo, las dunas, tal como aparecen en el juego de Ada, pueden representar calidez y sensualidad, como si esas ondulaciones del paisaje emularan las formas del cuerpo humano. Sin embargo, también podrían simbolizar la suavidad maternal, el mundo como un lugar blando y acogedor.

Las montañas suelen representar la espiritualidad, mientras que los ríos evocan el cambio y el movimiento.

Quien sitúa en su desierto a personas o animales (antes del caballo) significa que aprecia mucho la compañía de esos seres en su vida.

No olvides que eres el maestro de tu juego. Echa mano de tus propias asociaciones cuando algún detalle llame tu atención durante el análisis.

Si imaginaste un pozo, una gran roca o un riachuelo atravesando tu desierto, pregúntate qué significado tiene para ti.

La vida, representada aquí por el desierto, para algunas personas puede resultar dura, mientras que otras se esfuerzan para transformarla en algo fértil y extraordinario.

A fin de cuentas, en el desierto reina un silencio que probablemente no exista en ningún otro lugar. Te permite detenerte a escuchar los latidos de tu corazón. Son ellos los que dan vida al paisaje de tu desierto.

∽∾∽

«Me dejaron de pronto en medio de un desierto poblada de signos invisibles».

DELIA QUIÑÓNEZ

∽∾∽

Con respecto al momento del día, podemos visualizarlo al amanecer, al mediodía o en las horas del atardecer (no encontramos a nadie que lo imagine de noche). A lo largo del día, el desierto nos regala diferentes matices de colores y proyecciones de sombras.

Por cierto…

¿Qué momento del día era en tu desierto?

El momento del día que imaginamos se corresponde con el que estamos viviendo. Es decir, tu instante vital. Pero también puede reflejar tu estado de ánimo y el color que le pones a esta etapa de tu existencia.

Hay personas de edad avanzada que visualizan su paisaje en el ocaso, mientras que otras lo imaginan al amanecer o en una hora temprana de la mañana. Eso no significa que alguien sea inmaduro, sino que es muy probable que esté viviendo un nuevo ciclo o etapa. Quizás se ha mudado a otro lugar, o se ha separado de su pareja, o sencillamente, de manera intuitiva, con esa luz matinal, su inconsciente percibe que algo nuevo está llegando.

El significado del cubo

«Sólo se volverá clara tu visión
cuando puedas mirar en tu propio corazón.
Porque quien mira hacia afuera sueña,
y quien mira hacia dentro despierta».

CARL GUSTAV JUNG

Hoy en día muchas personas deciden emprender un camino de desarrollo personal. Vivimos en la era de Acuario. Somos muchos los *buscadores* y tenemos al alcance múltiples herramientas con las que explorar, cuando nos decidimos a emprender un viaje de transformación.

Deseamos cultivarnos, encontrar nuestros dones, convertirnos en mejores personas y, con ello, vivir nuestras vidas con mayor plenitud y sentido.

Hemos vivido una pandemia que nos ha llevado a cuestionarnos cuántas cosas de nuestra vida verdaderamente nos llenan y cuántas hacemos por pura inercia o para pagar facturas.

En cualquier proceso de crecimiento es imprescindible conocernos para descubrir nuestros anhelos. Si deseamos moldear nuestra realidad, primero es necesario saber qué nos gustaría cambiar en ella. El motor de arranque es el autoconocimiento, porque es difícil averiguar en qué deseas transformarte si no sabes quién eres ahora.

¿Quién soy?
¿Cómo soy?
¿Qué me hace más feliz?

Tú eres tu cubo y él es tu más fiel autorretrato.

El cubo que has dibujado representa cómo eres y cómo te muestras ante los demás. Es la manifestación de tu ser.

Lo afirmamos con esta certeza porque, cuando lo visualizaste, no sabías que este símbolo te representa en el paisaje del desierto. Tu cubo es, por lo tanto, **una imagen pura creada por tu inconsciente** en la que la mente no ha entrado en juego.

Tal vez te preguntes: pero… ¿por qué un cubo?

La respuesta es que los maestros del juego lo eligieron así.

El cubo es un sólido platónico que está presente en la historia de muchas civilizaciones antiguas.

Para el islam, cuyo núcleo místico es el sufismo, la Kaaba (literalmente significa «cubo») es una gran figura cúbica que construyeron Abraham y su hijo Ishmael en el desierto de la península arábiga donde se erige La Meca.

Para el judaísmo, el cubo es un símbolo de la verdad, el orden y el plano físico. Según el *Libro de la Formación*,[1] el uni-

---

1. El *Libro de la Formación* o *Libro de la Creación* es, en hebreo, *Sefer Yetzirá*, (הריציירפס). Yetzirah se traduce literalmente como «formación», y es el título del primer libro que existe sobre esoterismo ju-

verso manifestado está representado por un cubo. En el tarot, en el arcano 7 (el Carro), el cubo representa la encarnación física. Es el vehículo para el Yo.

Vamos ahora con las preguntas sobre lo que has dibujado en tu juego:

¿Dónde está tu cubo? ¿En qué posición se encuentra?

El cubo puede situarse en el desierto de diferentes maneras y posiciones con respecto al cielo y la tierra. Puede estar sobre la arena, medio enterrado o tal vez flotando por encima de las dunas.

Los cubos flotantes acostumbran a ser personas soñadoras. Probablemente han creado un mundo de fantasía desde niños para compensar la realidad externa. Muchos artistas poseen cubos flotantes, como si necesitaran desprenderse del mundo para materializar sus obras y expresarse.

En cambio, quienes lo hacen reposar sobre la arena suelen ser realistas ante la vida, tocan «de pies en el suelo». Esto no significa que si tienes tu cubo sobre la arena no seas creativo. Simplemente estás más conectado a lo práctico y material, más familiarizado con lo mundano, lo cual te ayuda a desenvolverte mejor en el llamado «mundo real».

Los cubos, que, como el de Ada, se encuentran sobre una elevación del terreno, gozan de las ventajas de las dos posicio-

---

dío. También llamado *Libro de Abraham*, es, junto con el *Zohar*, la principal obra del esoterismo judío, la *Kabbalah*.

nes. También son personas con una buena toma de tierra, pero se elevan por encima de la superficie rasa para tener una visión privilegiada, además de conectarse con el «mundo de arriba».

Los místicos sostienen que el ser humano vive entre el cielo y la tierra. La tierra es donde experimenta sus vivencias y aprendizajes. El cielo es el origen del espíritu, el lugar al que nuestra alma viaja durante los sueños.

Los cubos que se encuentran suspendidos en el espacio, a gran distancia de la superficie del desierto, se corresponden con los *visionarios*. A diferencia del *soñador*, que está cerca del suelo, el visionario eleva su don hasta las alturas y puede incluso anticipar el futuro con su visión.

En nuestros análisis, uno de los cubos que más nos ha sorprendido fue el de un joven de veinticinco años que se dedica a la caracterización de personajes para cine y teatro.

Como lo conocíamos bien, todo apuntaba a que su cubo sería del tipo flotante y quizás hasta visionario. Sin embargo, cuando nos mostró el dibujo, vimos que se trataba de un cubo asentado sobre la arena en medio de las dunas, como puedes observar en el croquis que nos hizo.

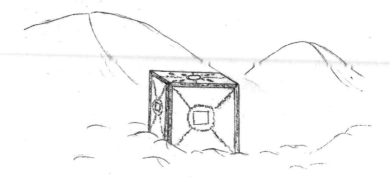

Nos dijo que estaba hecho de mármol egipcio y que tenía grabadas unas inscripciones que pertenecían a una antigua civilización.

No nos cuadraba con su perfil creativo, pero nos explicó que había imaginado un desierto cambiante (para él estaba muy claro que el paisaje podía transformarse) en el que la arena y las dunas habían enterrado a esa civilización perdida y sólo había quedado visible el cubo.

Después hizo otro dibujo en el que nos lo aclaraba todo.

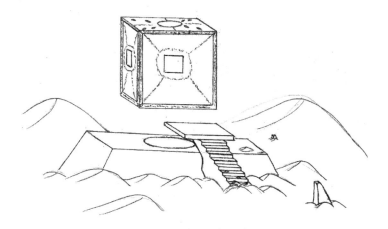

Cuando hacía mucho viento, las dunas se desplazaban, dejando a la vista una larga escalera que se dirigía hacia el cubo, el cual se encontraba flotando por encima del suelo y de la civilización perdida.

Los adjetivos con los que lo definió fueron: «antiguo», «misterioso», «interesante» y «perdido», y entre ellos eligió «interesante».

Así que nuestro amigo creativo sí que era un cubo flotante tal como habíamos supuesto en un principio. Esta anécdota es una prueba de que, en el imaginario del juego del cubo, todas las variantes son posibles.

Sigamos con las preguntas:

¿Cómo es tu cubo, grande o pequeño?
¿Está macizo o hueco?
¿Y de qué material está hecho?

Que el **tamaño del cubo** sea grande, mediano o pequeño es una percepción de quien hace el juego. Al contrario de lo que podríamos pensar, no está relacionado con el tamaño del ego o con el sentimiento de grandeza o pequeñez que uno tenga de sí mismo.

Hay gente que dice: «Es tan pequeño que puedo sostenerlo en la palma de mi mano». Después escriben que el material de su cubo era una piedra preciosa.

Sí que es cierto que los cubos exageradamente grandes podrían corresponderse con alguien con un gran deseo de destacar, de ser visto por todos. Pero en este punto volvemos a la pregunta: ¿qué significa grande o pequeño para ti?

El hecho de que esté **macizo o hueco** puede sugerir el anhelo de llenarse de conocimientos, así como la gestión del tiempo.

Un cubo hueco es como un lienzo en blanco, esperando ser llenado a través de la inspiración y la experiencia. También indica vivir con ligereza. Un cubo completamente macizo, en cambio, puede revelar un exceso de gravedad en nuestra actitud vital, o quizás una agenda demasiado llena.

Un elemento clave del juego es el **material** del que está hecho tu cubo. Su composición es muy significativa, ya que representa la **sustancia** de la que estás hecho, como el oro que imaginó nuestra viajera Ada.

Son muchos los materiales que podríamos imaginar para el cubo. Los más comunes acostumbran a ser: arcilla, ladrillos, mármol, madera, plástico, cristal o metales (en ocasiones preciosos). Incluso hay quien imagina una gema cubicular como el diamante de Kansbar, un rubí, un cuarzo o un lapislázuli… De hecho, cada material tendrá sus matices según la fantasía de quien lo imaginó. El abanico de posibilidades es casi inagotable.

Lo importante es que la materia de la que estás hecho habla de ti en este momento de tu vida.

En caso de que no te guste o no te acabes de sentir identificado, puedes ejercer de alquimista. ¿En qué te gustaría transformarte?

Por otra parte, a veces el cubo contiene en su interior algo diferente al material del que está hecho. Hemos visto respuestas tan sorprendentes como: agua, monedas, sueños o polvo de estrellas. Cada persona debe interpretar qué significa lo que oculta dentro de sí.

Y ya para concluir, los **adjetivos** que has asociado al cubo también hablan de ti. Si lo deseas, puedes volver a hacer el ejercicio de quedarte con una sola palabra. La que mejor sientas que te define.

El significado de la escalera

La escalera representa a tus amigos y a la gente más cercana a ti. Son todos aquellos seres que consideras importantes en tu vida.

La **distancia** a la que se encuentra la escalera del cubo sugiere el modo en el que te relacionas con las personas que más valoras. Por ejemplo, hay quienes visualizan su escalera muy cerca del cubo o, incluso, apoyada en él. Esa proximidad refleja el anhelo de tener cerca a sus amigos.

Los niños y la mayoría de los jóvenes acostumbran a visualizar la escalera cercana al cubo. La razón es que, en esa etapa de la vida en la que se establecen los primeros vínculos, la amistad es un regalo imprescindible para nuestro desarrollo.

Otras personas sitúan su escalera en un lugar distinto del desierto, más o menos alejada del cubo. Cuanto mayor es la distancia, más necesidad puede tener la persona de un espacio propio. Ella elige en qué momentos sociabiliza y en qué otros prefiere recogerse en su mundo privado.

El **material** del que está hecha tu escalera encarna cómo percibes que son tus amigos y aquellas personas importantes de tu vida. La mayoría de la gente imagina que está hecha de un material robusto, como podría ser el mármol, la madera, el metal... Nuestro inconsciente suele proyectar la importancia de la nobleza y la solidez que la amistad representa.

El número de peldaños que tiene una escalera viene a sugerir un número similar de amigos y personas queridas.

Aquellos que, como Ada, visualizan una escalera cuyos peldaños se pierden en el cielo significa que anhelan y probablemente tengan ya en su vida amigos que los ayudan a «elevarse» de alguna forma por encima de los sinsabores del mundo.

El significado del caballo

El caballo es el primer símbolo vivo que aparece en tu paisaje. Puede estar descansando, paseando tranquilamente u observando el escenario desde algún lugar. Pero, haga lo que haga, el desierto siempre cobra vida cuando él aparece.

Con el caballo, entra en escena un bello ser impredecible, lo indomable y la belleza de la energía más poderosa del universo: el *amor*. Eso es lo que representa este elemento de tu juego.

A diferencia del cubo y la escalera, que suelen ser estáticos, un animal así necesitará cuidados, comida y bebida, y podría escaparse en cualquier momento si se asusta por algo…

El caballo encarna a tu ser amado, al compañero que tienes o te gustaría tener en la vida. Es tu arquetipo de amante o el ideal de amor que te has creado.

¿Cómo es tu caballo? ¿Lo has visualizado con silla o brida, o estaba desnudo? ¿Está atado a algún sitio?

Un caballo desnudo sugiere libertad, fiereza, confianza y sensualidad. Ves a tu amor de esa manera, libre de un control enfermizo. No quieres que permanezca a tu lado por el solo hecho de tener un pacto, sino porque te ama y te vuelve a elegir cada día. Que este símbolo aparezca desnudo habla de la libertad que nos permitimos dar al ser que amamos, asumiendo todos los riesgos.

Algunas personas ponen a su caballo silla y bridas. Eso significa que necesitan controlarlo de alguna manera. Incluso hay quien lo amarra al cubo o a una palmera para que no se escape o se lo robe nadie.

¿Qué está haciendo el caballo en tu desierto?

¿Está paseando libremente? ¿Se ha tumbado a descansar sobre la arena? ¿O está bebiendo agua de un oasis? ¿Está contemplando el paisaje esperando a que llegues?

Lo que tu caballo hacía cuando lo visualizaste representa cómo es o desearías que fuera el amor en tu vida ahora mismo.

Por ejemplo, si el caballo está paseando tranquilamente o bebiendo agua, eso puede sugerir que esperas que tu persona amada sepa nutrirse y enriquecerse, y que aparezca como un ser que sabe cultivarse.

¿Qué sensaciones te transmitía su presencia?

En este punto debes releer las palabras que anotaste al contemplarlo. Los adjetivos que elegiste reflejan las cualidades que más admiras en tu pareja actual o futura.

Como en la historia de Ada, el caballo siempre es un reflejo de ti mismo. Igual que un espejo, nos da la oportunidad de proyectar nuestro propio amor. Todo es cuestión de vibración. Atraemos a nuestras vidas aquello que somos.

Volviendo a un símbolo que ya hemos visto, es frecuente que un cubo bien asentado en la arena, del tipo realista, se sienta atraído por uno flotante. En esa magia de los opuestos, los amantes se atraen también por sus diferencias, encontrando en ellas un aprendizaje o un territorio nuevo que desean explorar. Como si el cubo flotante precisase un poco de la realidad del que se enraíza en el suelo, y el otro, al mismo tiempo, se siente atraído por las alas y la capacidad de volar de su compañero *soñador*.

¿Y si has visualizado más de un caballo? ¿Y si no logras imaginar ninguno?

Si en tu desierto hay más de un caballo, tal vez sientas que no puedes amar a una sola persona, al menos no en este momento de tu vida en que haces el juego.

Si, por el contrario, te costó mucho visualizarlo o no has logrado hacerlo, tal vez ahora mismo no contemplas encontrar el amor. El juego puede llevarte a preguntarte por qué es así. Tal vez tengas otras prioridades ahora, o bien te hirieron en el pasado y te falta la confianza necesaria para entregarte de nuevo a una persona.

Para este último caso, un bello texto de Anthony de Mello dice así:

¿Qué es el amor?
La ausencia total de miedo, dijo el maestro.
¿Y a qué le tenemos miedo?
Al amor, respondió el maestro.

Para los niños que hacen el juego, el caballo suele representar a sus padres. Ellos son sus espejos, el amor que conocen. Aún no han idealizado el amor de un compañero de camino y sus aprendizajes. Es hermoso ver cómo alguno de ellos, instintivamente, dibuja dos caballos.

El significado de la tormenta

❧

«Se llama calma y me costó muchas tormentas.
Se llama calma y cuando desaparece… salgo otra vez en su búsqueda.
Se llama calma y me enseña a respirar, a pensar y repensar».

DALAI LAMA

❧

La tormenta simboliza los problemas, conflictos o dificultades que llegan a tu vida. Representa el poder que tiene para desafiar y tal vez también transformar cada uno de los símbolos del juego.

¿Cómo era tu tormenta?
¿La viste acercarse o ha llegado por sorpresa?

La respuesta a estas preguntas te habla de cómo son los conflictos que se presentan en tu vida. No es lo mismo una tormenta de arena que una fuerte lluvia de verano o un temporal con rayos y truenos.

En cualquier caso, acontecen para que aprendas a enfrentarte a los problemas y, una vez resueltos, integres el aprendizaje que te han proporcionado.

Cuando la tormenta cese, vuelve a visualizar cómo está cada uno de los elementos. El paisaje de un desierto puede verse modificado tras su paso o, incluso, volverse más bello.

Tal vez el cubo, como el de Ada, esté más brillante, o la luz en el desierto sea ahora más hermosa y la brisa más fresca…

Quien visualiza la tormenta cayendo directamente sobre el cubo se siente preparado para afrontar y resolver cualquier dificultad. No espera que nadie le ayude, ni desea que nada se altere a su alrededor.

Sin embargo, otras personas ven cambios considerables en su paisaje después de la tormenta. La escalera puede caerse, el caballo podría huir asustado…

Para la mayoría, la tormenta deja a su paso un paisaje más fértil en el que pueden crecer incluso las flores…

El significado de las flores

«Este mundo no es sino un lienzo para nuestra imaginación».

Henry David Thoreau

Las flores representan cualquier «criatura» que creas en tu vida. Son los frutos que nacen de tu imaginación y de tus talentos. Pero también encarnan a tus hijos físicos.

En todo caso, tus creaciones son una proyección de ti mismo, emergen del interior de tu cubo y muestran al mundo pedacitos de lo que eres.

¿Dónde estaban tus flores?

Hay personas que las dibujan alrededor del cubo o muy próximas a él, mientras que otras las sitúan dispersas por todo el paisaje. También hay quien las hace crecer, claramente, al lado del caballo.

En el primer caso, que estén cerca del cubo refleja un claro instinto de protección sobre los hijos o las «obras» creadas. El cubo les dio vida y él mismo se hace cargo de ofrecerles la protección necesaria. En cambio, las personas que visualizan muchas flores dispersas por todo el paisaje poseen una creatividad muy desarrollada. Tal vez sean polifacéticas, y tienen múltiples maneras de embellecer el mundo.

Cuando las flores se dibujan sólo al lado del caballo, quiere decir que esperamos que la pareja se haga más responsable del cuidado de los hijos.

¿Cómo eran?

Generalmente, las personas que visualizan flores muy exóticas o sofisticadas anhelan que sus hijos se conviertan en seres extraordinarios y que superen a los padres. Tienden a proyectar en sus hijos sus propios sueños, como si tuviesen que convertirse en aquello que ellos mismos deseaban y no alcanzaron.

O, si son artistas o empresarios, aspiran a marcar la diferencia con sus obras.

Khalil Gibran, en su poema «De los hijos», del libro *El profeta*, expresa de una forma magistral la necesidad de permitirles que sean tan únicos como son.

«Vuestros hijos no son vuestros hijos
son los hijos e hijas del anhelo de la Vida, ansiosa por
perpetuarse.
Por medio de vosotros se conciben, más no de vosotros.
Y aunque estén a vuestro lado, no os pertenecen.
Podéis darles vuestro amor; no vuestros pensamientos: porque
ellos tienen sus propios pensamientos.

Podéis albergar sus cuerpos; no sus almas: porque sus almas
habitan en la casa del futuro, cerrada para vosotros,
cerrada incluso para vuestros sueños.
Podéis esforzaros por ser como ellos, mas no tratéis de hacerlos
como vosotros: porque la vida no retrocede ni se detiene
en el ayer.
Sois el arco desde el que vuestros hijos son disparados como
flechas vivientes hacia lo lejos [...]».

Como Khalil Gibran nos enseña, nuestros hijos deben hacer sus elecciones y descubrir sus propios aprendizajes para encontrar la grandeza y unicidad de su ser.

Nosotros tan sólo seremos la mano amorosa del arquero, lanzándolos muy lejos hacia los anhelos de su corazón. Ésta es la magia de la vida.

La vida, como el juego del cubo, es siempre un libro abierto

Ahora que conoces el juego del cubo, cuando cierres este libro emprenderás tu vuelo. Tal vez un día, de aquí a unos años, desearás volver a abrirlo y te preguntarás: si vuelvo a imaginar mi desierto, ¿cómo sería ahora?

¡Hazlo! Quizás te encuentres con que el paisaje se ha transformado por completo, incluso el material de tu cubo. Puede que tu escalera tenga muchos más peldaños o que, ¡magia!, el caballo que imaginaste ya esté a tu lado. ¿Y si han crecido nuevas flores?

Tal vez hayas logrado contemplar tus «tormentas» a vista de pájaro. Como el gran cóndor o el águila imperial, que aprendieron a sobrevolar el mundo y sus tempestades, con una visión más elevada.

Vivimos en continua transformación. Todos somos magos.

Es muy probable que ya no seas la misma persona que fuiste. Cada paso que das es un nuevo ahora. Cada elección que tomas forja tu destino. Eres alquimista y creador de tu vida, momento a momento. Por eso, todo lo que puedas imaginar es posible.

Agradecimientos

A ti, querida lectora y lector, por emprender este viaje al corazón del desierto junto a nosotros.

Al amigo que, hace más de veinte años, me hizo este juego en una cena de cumpleaños. Si estás ahí, ¡gracias!

Al mágico destino que, años después, en una tarde de librerías, puso en mis manos *El test del cubo*, de Annie Gottlieb y Slobodan D. Pesic. Gracias a este manual empecé a comprender las claves para interpretar el juego.

A cada uno de los amigos y amigas que, a lo largo de estos años, se han prestado al juego del cubo.

Al sufismo y a sus grandes maestros, por ser tan profundamente sabios y mágicos.

A mi querida amiga Anna Rossell, por haberme animado siempre en la escritura y por guiarme sabiamente hasta Francesc.

A mi querido amigo Francesc Miralles, por ser un cubo de oro y un gran maestro.

A mis padres, a mis hijos y al precioso caballo que trota en el paisaje de mi vida, por hacerla, todos ellos, mucho más hermosa.

Mayde

105

A todos vosotros, a los sabios milenarios que pasaron este juego de generación en generación, a quienes confían en la vida y en su poder para cambiar.

A Mayde, por soñar con la existencia de este libro que ahora pertenece al mundo y a la vida.

Amir

Índice

En los tiempos actuales de dificultad y desafío, muchas personas sienten que deben reconstruir su vida tal y como siempre lo han hecho los japoneses después de guerras y desastres naturales.

El secreto de este pueblo para renacer una y otra vez de sus cenizas, como el ave Fénix, está en la filosofía del ganbatte, un término nipón que se podría traducir como «hazlo lo mejor que puedas, nunca te rindas, sigue adelante».

Así, como en muchos países, antes de entrar en un examen, a una entrevista de trabajo o al inicio de una competición, se desea «¡buena suerte!», los japoneses usan la expresión «¡ganbatte!» para invitar a una persona a esforzarse.

A través de los 50 inspiradores capítulos de este libro, conoceremos esta filosofía japonesa de la tenacidad y la resiliencia, que es el arte de superar las adversidades.

Si aplicas la tenacidad y la resiliencia de los japoneses en tu día a día, lo difícil se vuelve fácil y lo imposible, posible.